Pour Fabienne et Bernard
ce livre d'Humour à lire
sans modération, l'Humour
n'est pas encore Taxé !

avec Toute l'Amitié de
l'Humoriste MOF [illegible]
5-9-2010

ÉDITION ORIGINALE

Titre original : « SATIRE DE PARTOUT 2 »

ÉDITÉ PAR

jar conseils

La ferme Bleue
10, rue du Kleinfeld
67370 WILLGOTTHEIM
N° SIRET : 397 716 184 000 15

JOËL ROCHE

AGITATEUR D'IMAGES DEPUIS 1439

SATIRE DE PARTOUT 2

JAR-CONSEILS

LES MEILLEURS DESSINS DE PRESSE DE JOËL ROCHE PUBLIÉS ET INÉDITS

Saison 2

PRÉFACE DE YVES BUR

Député
Vice-Président de l'Assemblée Nationale

" C'est leur pertinence qu'on reproche aux impertinents ".
Claude Frisoni

Alors qu'il n'y a jamais eu de cessez le feu de par le monde; ni chez nous, il a fallu attendre onze années pour que Joël Roche nous livre enfin un second recueil de " Satire de partout ".

Son regard acéré sur notre société et sur nous-mêmes, sur les travers et les contradictions qui la rendent si humaine et parfois si cruelle, sont une éclaircie de lucidité toujours salutaire.

À travers son coup de feutre, pas celui qu'il porte fièrement sur la tête comme un acte de foi alsacien, il nous livre avec ironie et toujours avec un peu de tendresse amusée une nouvelle somme de caricatures.

Avec lui, nous pouvons nous regarder avec cette distance que permet l'oeil de l'artiste, même si comme l'écrivait Jonathan Swift, la satire est une sorte de miroir dans lequel les spectateurs découvrent en général le visage de tout le monde, mais pas le leur !

Alors que sous l'apparence d'une liberté d'expression quasi totale semble parfois poindre hélas le visage sournois de l'intolérance, dégustons avec délectation ces dessins d'humour et de satire comme un cadeau de la liberté.

À travers ces instantanés croqués avec talent sur le vif, Joël Roche nous donne son avis sur tout, y compris sur ce qui ne le regarde pas. C'est lui rendre hommage que de nous rendre complice de son impertinence en riant de nous-mêmes !

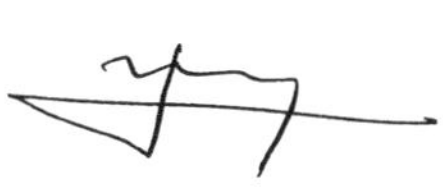

À l'Amité
L'Humour
La Joie

DESSINS

TOXIQUANTS

MERCI D'AVOIR GARDÉ LE CHIEN EN NOTRE ABSENCE !
C'EST PLUTOT LUI QUI NOUS A GARDÉ !
Joël Roche ©

QU'EST CE QUE VOUS FAITES LÀ ?
J'ATTENDS. L'ESCALATOR EST TOMBÉ EN PANNE !
VEILLEUR DE NUIT
Joël Roche ©

JE PROTESTE CES PHOTOS SONT RATÉES !!
EN EFFET ELLES VOUS AVANTAGENT PLUTÔT !
PHOTOS

QU'IL EST MIGNON, IL RESSEMBLE TOUT A FAIT A SON PÈRE !
SURTOUT NE LE DITES PAS A MON MARI !

BIJOUTERIE
C'EST POUR VOTRE FEMME OU VOUS VOULEZ METTRE PLUS ?

TU ES VRAIMENT RADIN ! TU NE M'ACHÈTE JAMAIS RIEN !
MAIS JE NE SAVAIS PAS QUE TU AVAIS QUELQUE CHOSE A VENDRE !

PAS POSSIBLE ! C'EST LES SOLDES ET TU N'AS RIEN ACHETÉ !!?
SI, SI, LE CAMION EST EN TRAIN DE SE GARER DEVANT LA PORTE.
SOLDES
SOLDES
SOLDÉ

PUISQUE C'EST COMME ÇA, JE NE TE PARLE PLUS PENDANT 8 JOURS !
OUF ENFIN !

VOUS ALLEZ ÊTRE HEUREUX PENDANT 25 ANS PUIS VOUS ALLEZ VOUS MARIER !
!

VOTRE MARI EST EN DANGER DE MORT !
EST-CE QUE JE SERAI ACQUITTÉE ?

TON MARI EST TOUJOURS AUSSI SUPERSTITIEUX?!
ET COMMENT. IL A MÊME REFUSÉ SON 13ème MOIS.
LISEZ SATIRE DE PARTOUT

DIS PAPA, POURQUOI PARLE-T-ON TOUJOURS DE LA LANGUE MATERNELLE ET JAMAIS DE LA LANGUE PATERNELLE?
PARCEQUE LES HOMMES N'ONT JAMAIS DROIT A LA PAROLE.
POF

UN BIDON DE CE PRODUIT VOUS FAIT GAGNER CINQUANTE POUR CENT DE VOTRE TEMPS !
ACHÈTE 2 BIDONS COMME ÇA TU N'AURAS PLUS RIEN A FAIRE.

JE VOUDRAI OFFRIR UN CHAPEAU A MA FEMME. DONNEZ-MOI N'IMPORTE LEQUEL DE TOUTE FAÇON, ELLE VIENDRA POUR L'ÉCHANGER.
!

T'INQUIÈTE PAS, ACTUELLEMENT TOUT AUGMENTE !

VIENS AVEC NOUS, CE SOIR C'EST LA FÊTE. LE FOSSOYEUR ENTERRE SA VIE DE GARÇON!

SON MARI EST DÉCÉDÉ 15 JOURS APRÈS LEUR MARIAGE.
EN VOILÀ UN QUI N'AURA PAS SOUFFERT LONGTEMPS!

OH ! TON MARI A CHANGÉ IL S'EST ENFIN DÉCIDÉ À T'ACHETER UN VISON.
C'EST SURTOUT DE MARI QUE J'AI CHANGÉ
Joël Roche ©

TU VEUX TE MARIER AVEC MOI PARCE QUE J'AI HÉRITÉ DE LA FORTUNE DE MA GRAND-MÈRE !
MAIS C'EST FAUX !! JE ME FICHE COMPLÈTEMENT DE SAVOIR DE QUI TU L'AS HÉRITÉE !
Joël Roche ©

SI JE TROMPE MA FEMME, JE NE POURRAI PLUS LA REGARDER DROIT DANS LES YEUX.
MAIS C'EST PAS GRAVE PUISQUE TU LOUCHES
Joël Roche ©

DEUX MARIAGES, DEUX ECHECS ! LA PREMIÈRE M'A QUITTÉ, LA DEUXIÈME EST RESTÉE !
Joël Roche ©

MONSIEUR LESCH, JE VIENS VOUS DEMANDER LA MAIN DE VOTRE FILLE
ET VOUS NE VOULEZ PAS LE RESTE ?!
Joël Roche ©

J'ÉTAIS COMPLÈTEMENT FOLLE QUAND JE ME SUIS MARIÉE AVEC TOI !!
MALHEUREUSEMENT JE NE L'AVAIS PAS REMARQUÉ !
Joël Roche ©

ET COMMENT VA VOTRE CHARMANTE ÉPOUSE ?
VOUS VOUS FICHEZ DE MOI ! VOUS SAVEZ BIEN QUE J'AI TOUJOURS LA MÊME FEMME !
Joël Roche©

POUR L'ALLOCATION VEUVAGE, IL NOUS FAUT LA SIGNATURE DE VOTRE MARI ATTESTANT QUE VOUS ÊTES VEUVE !
NOUS FAISONS TOUT POUR VOUS SIMPLIFIER LA VIE
FERMÉ
SOYEZ BREF
GUICHET 8744
URGENT
Joël Roche©

GARÇON, C'EST QUOI CETTE BOUTEILLE VIDE ?
C'EST POUR CEUX QUI N'ONT PAS SOIF.
Joël Roche ©

GARÇON ! POUVEZ-VOUS M'APPORTER UN AUTRE SUCRE, LE MIEN VIENT DE FONDRE !
Joël Roche ©

GARÇON, SERVEZ MOI UN VERRE DE RIESLING ET METTEZ LA BOUTEILLE AU FRAIS !
AUX FRAIS DE QUI MONSIEUR ?
Joël Roche ©

JE CHERCHE UN RESTAURANT CHINOIS !
REGARDEZ DANS LES PAGES JAUNES.
BD
Joël Roche ©

TU AS FAIT DE BEAUX RÊVES ?
OUI, J'AI RÊVÉ QUE LE PROPRIÉTAIRE M'EXPULSAIT !
LULU

AU BOULOT JE SUIS TOUTE LA JOURNÉE DEVANT UNE MACHINE !
LA MACHINE A CAFÉ JE PRÉSUME !

C'EST VOUS LE PARRAIN ?
NON JE SUIS DU HAUT-RHIN
JoëlRoche©

CETTE SEMAINE LES AGRESSIONS DANS LES TRAINS ONT FORTEMENT CHUTTÉ.
EVIDEMMENT LA SNCF EST EN GRÊVE
L'AMI HEBDO
Joël Roche ©

VOTRE ANNIVERSAIRE EST LE 15 FÉVRIER DE QUELLE ANNÉE ?
CHAQUE ANNÉE.
Joël Roche ©

ÇA FAIT 1 HEURE QUE JE FAIS LA QUEUE DEVANT VOTRE GUICHET
MOI ÇA FAIT 20 ANS QUE JE SUIS DERRIÈRE ET JE N'EN FAIS PAS TOUTE UNE HISTOIRE !
BOUGEZ AVEC LA POSTE
Joël Roche ©

ILS N'ONT PAS LE TEMPS DE S'OCCUPER DU COURRIER MAIS ILS ONT LE TEMPS DE S'INTÉRESSER A NOTRE ARGENT !
BANQUE POSTALE
LA POSTE
TROP TARD LA LEVÉE EST PASSÉE
Joël Roche ©

VOILÀ, JE CHERCHE QUELQUE CHOSE DU GENRE PAS TROP MAL PAYÉ, AVEC BEAUCOUP D'AVANTAGES, DES RÉDUCTIONS PARTOUT, BEAUCOUP DE TEMPS LIBRE, AUCUNE RESPONSABILITÉ.
VOYONS, J'AI RÉFUGIÉ POLITIQUE, DEMANDEUR D'ASILE OU BIEN .....
ANPE

LE PROBLÈME QUAND ON EST EN VACANCES C'EST QU'ON PERD LES CONGÉS DU SAMEDI ET DU DIMANCHE !

JE VIENS DÉCLARER LA PERTE DE MON POUVOIR D'ACHAT !
ALORS LÀ, MON PETIT MONSIEUR, VOUS N'ÊTES PAS PRÊT DE LE RETROUVER !
BD
BUREAU DES OBJETS TROUVÉS

ET POURQUOI ON NE PRENDRAIT PAS LE 1er MAI POUR TRAVAILLER PUISQUE C'EST LA FÊTE DU TRAVAIL ?
AH YO !
TOUCHEZ PAS A MON LUNDI DE PENTECÔTE
Joël Roche ©

ET TOI TU NE TRAVAILLES PAS ?
JE PRÉFÈRE LA BONNE CERTITUDE DU CHOMAGE A LA PRÉCARITÉ D'UN EMPLOI
Joël Roche ©

ENTRE LES 35 HEURES, LES RTT, LES CONGÉS DE MALADIE, LES GRÊVES, LES VACANCES, JE N'AI PLUS LE TEMPS D'ALLER TRAVAILLER.

QUI PEUT ME DIRE CE QUE C'EST QU'UN LABYRINTHE ?
C'EST QUAND ON A UN RENSEIGNEMENT A DEMANDER A UNE ADMINISTRATION !
Joël Roche ©

MAXIME, J'AIMERAI BIEN VOIR TON BULLETIN SCOLAIRE ?
JE L'AI PRÊTÉ A THOMAS POUR FAIRE PEUR A SES PARENTS !
BD
BD
BD
Joël Roche ©

ET AU DESSUS DU LITRE IL Y A QUOI ?
LE BOUCHON !
COURS D'OENOLOGIE
TABLEAU DES CAPACITÉS
LITRE
DÉCILITRE
CENTILITRE
MILLILITRE

SI TU CONTINUE À ÊTRE AUSSI MAUVAIS EN MATH, TU SERAS TOUT JUSTE BON POUR TRAVAILLER DANS UN INSTITUT DE SONDAGE !!
MATH

TU N'AS PAS APPRIS TA LEÇON D'HISTOIRE.
NON PARCE QUE AUJOURD'HUI TOUT CE QUI APPARTIENT À L'HISTOIRE EST CONTESTABLE !
X
Joël Roche ©

MAINTENANT IL FAUT TRAVAILLER. RETROUSSEZ VOS MANCHES !
MAIS ON EST EN MANCHES COURTES !
Joël Roche ©

C'EST HORRIBLE, AUX ÉTATS-UNIS, IL Y A UN MEC QUI EST TUÉ TOUTES LES 15 MINUTES !
LE PAUVRE TYPE !

VOTRE CHIEN FAIT DU BRUIT !
ET ALORS ? C'EST PAS MOI ! ADRESSEZ-VOUS A LUI !

VOUS ÊTES BIEN LE SEUL A REGRETTER CET IVROGNE !
C'ÉTAIT MON MEILLEUR CLIENT !
BAR

IL PARRAIT QUE VOTRE CHATEAU EST HANTÉ PAR DES FANTÔMES ?
C'EST DES HISTOIRES, JE VIS ICI DEPUIS 800 ANS ET JE N'EN AI JAMAIS VU !

ILS ONT ESSAYÉ MAIS TROP TARD !
SORTIR DU NUCLÉAIRE
Joël Roche ©

LA POLLUTION AUGMENTE DE PLUS EN PLUS, DANS 50 ANS C'EST LA CATASTROPHE DÉFINITIVE !
SOMMET DES CHEFS D'ÉTAT
ET ALORS !.. DANS 50 ANS NOUS SERONS DANS UN MONDE MEILLEUR !
Joël Roche ©

TCHERNOBYL
100.000 MORTS
EST-CE LE PRIX A PAYER POUR L'ÉLECTRICITÉ NUCLÉAIRE ?!
Joël Roche ©

ET QU'EST CE QUI VOUS FAIT DIRE QUE CES DEUX VOLEURS ÉTAIENT HOMOSEXUELS ?
IL Y EN A UN QUI FAISAIT LE GAY
8

IL SERAIT TEMPS QUE TU TE TROUVES UN MARI !
JE VEUX BIEN, MAIS LE MARI DE QUI ?

MAMÈRE VEUT MARIER LES HOMOSEXUELS!
MAIS DE QUOI ELLE SE MÈLE TA MÈRE !!
Joël Roche ©

A QUEL NIVEAU SITUEZ-VOUS LES ÉMISSIONS DE TÉLÉ ?
EN DESSOUS DE LA CEINTURE !
SONDAGE

LA BOULANGÈRE N'EST PAS ENCORE DEBOUT ?
VOUS SAVEZ C'EST UNE BONNE PÂTE MAIS DIFFICILE A FAIRE LEVER !
FARINE

JE CHERCHE LE PRÉSIDENT DU CLUB DES TIMIDES ?
IL EST SOUS LA MOQUETTE
CLUB DES TIMIDES ASSOCIATION LOI 1901

MAINTENANT QUE LE MONDIAL EST TERMINÉ TU VAS ME RANGER CETTE PIÈCE !!G...
Joël Roche©

BONJOUR, VOUS AVEZ UN TIMBRE POUR ARRÊTER DE FUMER ?
LA POSTE
LA POSTE C'EST ECRIT DESSUS
LE PAQUET DINGO
LA POSTE
SERVEZ-VOUS
Joël Roche©

IL PARAÎT QUE C'EST MAUVAIS POUR LA SANTÉ DE FUMER !

ET VOUS ME DITES QUE VOUS VÉNÉREZ UN SAINT QUI ORGANISE DES GRÊVES ?!
BEN OUI, C'EST SYNDICAT !
NON A TOUT !

MAIS OÙ DIABLE AI-JE MIS MA BIBLE !?

AU SECOURS, JE SUIS UNE CÉLÉBRITÉ, SORTEZ-MOI DE LÀ !
ILS NE SAVENT PLUS QUOI INVENTER POUR SE FAIRE REMARQUER !

J'AI EU DROIT A 3 RAPPELS AU THÉATRE !
ET ICI TU AS UN RAPPEL DES PTT, UN RAPPEL DE L'EDF ET UN RAPPEL DU SERVICE DES EAUX !
RAPPEL
Joël Roche ©

VOUS ÊTES COMPLÈTEMENT DÉPRIMÉ. ALLEZ DONC AU CIRQUE IL Y A UN CLOWN GÉ-NI-AL !
LE CLOWN C'EST MOI !
A
WCD
UTRB
VDKAE
Joël Roche ©

ALORS, LES AFFAIRES SONT BONNES?
OPTIQUE
JE N'AI PAS VU UN CLIENT DE LA JOURNÉE!
LA VUE C'EST LA VIE

S'IL VOUS PLAIT HONORABLES CHINOIS ACHETEZ-NOUS UN AIRBUS!
D'ACCORD MAIS AVANT, ACHETEZ-NOUS 30 MILLIONS DE CHEMISES!
TAPIS ROUGE MADE IN CHINA

VOUS POUVEZ M'ÉTABLIR UN REÇU !

TU CROIS QU'ON AURA LA PAIX SI ON CONSTRUIT NOTRE NID ICI ?
IRAK

ON DEVRAIT AUSSI ATTENDRE 80 ANS POUR DONNER LA LÉGION D'HONNEUR AUX SPORTIFS QUI RISQUENT LEUR VIE SUR UN STADE.
VERDUN

UNE VOITURE A ÉCRASÉ MONSIEUR JÉHOVAH !
HEUREUSEMENT IL Y A DEUX TÉMOINS !
Joël Roche ©

NOUS APPORTONS LA CLARTÉ ET LA LUMIÈRE !
PAPA C'EST L'EDF !
TÉMOINS DE JÉHOVAH
Joël Roche ©

CE CONTRAT D'ASSURANCE EST IDÉAL. EN ÉCHANGE DE PRESTATIONS TRÈS MÉDIOCRES, NOUS VOUS ASSURONS DE TRÈS FORTS PRÉLÈVEMENTS.

AH LA FRANCE PAYS DES LIBERTÉS
TU PARLES ! ON NOUS IMPOSE L'EURO LE NUCLÉAIRE LES DÉCHARGES TOXIQUES LES TAXES AU Kg ET BIENTÔT LES OGM ET LE CLONAGE
ET PEUT ÊTRE UNE TAXE SUR LES CHIENS !

BONJOUR C'EST LE RECENSEMENT.
J'AI RIEN COMMANDÉ !

MAIS POURQUOI CET APPARTEMENT EN REZ DE CHAUSSÉE NE TE PLAIT PAS ?
PARCEQUE LES VOISINS ONT UN ASCENSEUR ET PAS NOUS !
Joël Roche ©

LA BANQUE M'ANNONCE QUE NOTRE COMPTE EST A DÉCOUVERT !!
MAIS C'EST IMPOSSIBLE, IL ME RESTE ENCORE 4 CHÈQUES.
Joël Roche ©

FESTIVAL DE CANNES
La Vie de Louis XVI
MON INTUITION M'A TRAHI. JUSQU'A LA FIN DU FILM JE PENSAIS QU'IL S'EN TIRERAIT
Noël Roche©

ARRÊTEZ DE BRÛLER DES VOITURES, ON VA VOUS CONSTRUIRE UN BEAU CENTRE CULTUREL
COOL ! ÇA SERA PLUS DRÔLE A BRULER.
GENTIL ÉDUCATEUR
Joël Roche ©

SOYEZ POLI, LA VIE SERA PLUS JOLIE. DITES BONJOUR, PARDON, S'IL VOUS PLAIT, AU REVOIR...
IL DIT QUOI LE BOUFFON ?
C'EST TOP NUL ! ÇA DOIT ÊTRE UNE LANGUE ÉTRANGÈRE ?!
BUS
BERK
Joël Roche ©

MUSÉE D'ART MODERNE
ENFIN UN TABLEAU QUE JE COMPREND !
SALLE 122
Joël Roche ©

MAIS POURQUOI CETTE TACHE DE VERT AU MILIEU D'UN TABLEAU ROUGE ???
C'EST UN VERT SOLITAIRE

MAIS !.... VOUS AVEZ ACCROCHÉ MON TABLEAU A L'ENVERS !!
!

L'ARTISTE S'EST VEXÉ QUAND JE L'AI FÉLICITÉ POUR LA SCULPTURE DANS LE COIN LÀ-BAS.
ÇA M'ÉTONNE PAS C'EST UN RADIATEUR DU CHAUFFAGE CENTRAL!
Joël Roche ©

JE PRÉFÈRE PEINDRE DES PAYSAGES PLUTÔT QUE DES PORTRAITS, AU MOINS LES MODÈLES NE VIENNENT PAS SE PLAINDRE!
Joël Roche ©

LA VIE

HORS DE LA VILLE

PÊCHE INTERDITE
!
Joël Roche ©

ET MAINTENANT COMMENT JE FAIS POUR LE TUER ?
TU N'AS QU'À LE NOYER
Joël Roche ©

MOI QUI SUIS VENU A LA PÊCHE POUR ME DÉTENDRE
Joël Roche©

VOUS AVEZ VU LE PANNEAU ?!
OUAI ! AUJOURD'HUI ÇA MORD !
ATTENTION POISSONS MÉCHANTS
Joël Roche ©

MINCE ALORS !
TOI QUI EST MALIN, TU N'AS PAS UNE CLEF POUR L'OUVRIR ?
LA PÊCHE EST FERMÉE
Joël Roche ©

Joël Roche ©

QUAND JE PENSE QUE L'ARCHE DE NOÉ A ÉTÉ CONSTRUITE PAR UN AMATEUR ET LE TITANIC PAR DES PROFESSIONNELS !
Joël Roche ©

AUJOURD'HUI JE M'ATTEND A FAIRE UNE GROSSE PRISE !
Joël Roche ©

ENCORE DU POISSON !
C'EST TOUT CE QU'IL Y A DANS LE POTAGER !
Joël Roche ©

JE VAIS M'INSTALLER SUR UNE ÎLE ! AU MOINS JE SAURAI QUE S'IL Y A DE L'EAU AUTOUR C'EST NORMAL !!
MES OS !
Joël Roche ©

C'EST UN VIN QUI SENTAIT LE BOUCHON !
Joël Roche ©

VIENS, POUR MAIGRIR IL FAUT BEAUCOUP NAGER.
J'Y CROIS PAS, TU AS DÉJÀ VU LES BALEINES !
PLAGE
Joël Roche ©

QUEL TEMPS DE COCHON !
OUI, ... IL N'EST BON QUE DANS L'ASSIETTE !
Joël Roche ©

ÇA ME DONNE ENVIE DE FAIRE DES OEUFS EN NEIGE
Joël Roche ©

OÙ EST CE QUE TU VAS ?
J'Y VAS PAS, J'EN VIENS !
Joël Roche ©

POUR LES NAVETS TU ES TRÈS FORT ! TU DEVRAIS TE FAIRE ENGAGER A LA TÉLÉ !
Joël Roche ©

ANTOINE, C'EST L'HEURE DE TRAIRE LES VACHES
JE M'EN FOOT !
Joël Roche ©

MES POULES ! ELLES SOUTIENNENT LE COQ FRANÇAIS !
Joël Roche ©

IL Y A TELLEMENT DE CONTRÔLES A PARIS QU'IL FAUT MAINTENANT UN PASSE-PORC
SALON DE L'AGRICULTURE
SALON DE L'AGRICULTURE
Joël Roche ©

DEPUIS QU'ELLE EST RENTRÉE DU SALON DE L'AGRICULTURE, ELLE N'EST PLUS LA MÊME !
3
2
Joël Roche ©

ALORS, LE SALON DE L'AGRICULTURE C'ÉTAIT BIEN ?
BOF ! ICI ON REGARDE PASSER LES TRAINS LÀ BAS ON REGARDE PASSER LES HOMMES POLITIQUES
Joël Roche ©

CONCOURS DE LA VACHE-ACADÉMIE
BELLA
LÉA
SI VOUS VOULEZ SAUVER BELLA TAPEZ 1
ON S'AMUSE BIEN AU SALON DE L'AGRICULTURE
Joël Roche ©

NE M'APPROCHEZ PAS
J'AI LA GRIPPE !
!

H5 N1
CYGNE COULÉ
CELLULE DE
VEILLE
SANITAIRE

VOUS L'AVEZ VOTRE MONDIALISATION ! ET MAINTENANT, ON VA OÙ ?!
HEU....

POISSONS EN VOIE DE DISPARITION
PÊCHEUR EN VOIE DE DISPARITION
Noël Roche ©

IL PARAÎT QUE TA FILLE S'EST MARIÉE AVEC UNE CLOCHE A FROMAGE ?
HÉLAS OUI !
Noël Roche ©

TIENS !? JE CROYAIS QUE C'ÉTAIT UN POMMIER ET J'Y VOIS UNE POIRE !

GRANDE FOIRE AU MUNSTER
ICI AU MOINS PERSONNE NE SENTIRA L'ODEUR DE TES CHAUSSETTES !
HALL 7
HALL 4
HALL 6

PORTES OUVERTES A LA FERME
!
N'OUVREZ PAS CELLE-CI, C'EST LE TAUREAU
Noël Roche ©

C'EST AU PETIT MATIN QUE LA GRANGE S'EST EMBRASÉE
MAIS LE FEU AVAIT COUVÉ TOUTE LA NUIT DANS LE POULAILLER.
Noël Roche ©

PAYS-BAS
AUTRICHE
LUXEMBOURG
BELGIQUE
ALLEMAGNE
FRANCE
PORTUGAL
ITALIE
ESPAGNE
L'EUROPE EST EN TRAIN DE DÉPÉRIR !
PAS ÉTONNANT ON A COUPÉ SES RACINES CHRÉTIENNES.
Joël Roche ©

VOICI UNE VARIÉTÉ DE POMMES DÉLICIEUSE
COMMENT L'APPELLE-T-ON ?
AVEC UN COUTEAU.

C'EST A VOUS L'OISEAU QUI CHANTE SI TÔT TOUS LES MATINS ?
AH ! JE DEVINE QUE VOUS ÊTES LE NOUVEL HABITANT QUI ARRIVE DE LA VILLE !

LES PLUS BELLES FILLES SONT SOUVENT LES PIRES VACHES
Noël Roche ©

ALLO LA SPA, JE VIENS D'ÊTRE ABANDONNÉ ! VOULEZ VOUS LE NO DE LEUR VOITURE ?
OÙ AS-TU MIS LE PORTABLE ?
Noël Roche ©

ATTENTION C'EST SÛREMENT UNE LETTRE PIÉGÉE
TU CROIS ?
Joël Roche ©

TU VIENS MON CHOU ?!
!
BRUXELLES
Joël Roche ©

JOYEUSES PAC
COMMISSION EUROPÉENNE
Joël Roche ©

QUAND MÊME JEAN, PARTIR EN VACANCES EN TRACTEUR....
ET MOI J'TE DIS QUE PARTIR EN VACANCES EN 4x4 C'EST A LA MODE.
CÔTE D'AZUR PAR-LA
TOUF! TOUF!
Joël Roche ©

POLITIQUE

SANS FILET

ENFIN DES ÉLECTIONS ! ON VA POUVOIR LAVER NOTRE LINGE SALE EN PUBLIC ! JE NE SAVAIS PLUS OÙ LE METTRE.
LINGE SALE
LINGE SALE
LINGE SALE
LINGE SALE
LINGE SALE
LINGE SALE
Joël Roche ©

SAINTE JEANNE D'ARC, VOUS QUI ENTENDEZ DES VOIX, VONT-ELLES VOTER POUR MOI ?
!
Joël Roche ©

TOUT AUGMENTE !
PÉAGES ESSENCE TAXES
Y EN A MARRE
ON VEUT VIVRE !
JE NE VOUS PROMETS PAS QUE ÇA VA BAISSER MAIS JE VOUS PROMETS QUE VOUS ALLEZ VOUS Y HABITUER !
Joël Roche ©

VOYONS, VOYONS, POUR PRÉPARER MA CANDIDATURE QUE VAIS-JE CHOISIR COMME DOSSIER ?
FORMULES TOUTES FAITES
PHRASES CREUSES
IDÉES RÉCHAUFFEÉS
BLA BLA BLA
PROMESSES BIDONS
LANGUES DE BOIS
POKER MENTEUR
Joël Roche ©

LE PROBLÈME EN FRANCE C'EST QUE LES GENS INTELLIGENTS N'ONT PAS ENVIE DE FAIRE DE POLITIQUE
Joël Roche

IL ÉTAIT UNE FOIS UNE GENTILLE PRINCESSE .....
MAIS QUAND DONC LES HOMMES POLITIQUES ARRÊTERONT DE NOUS RACONTER DES HISTOIRES !
ZZZZ
Joël Roche ©

MAINTENANT QUE JE SUIS CANDIDAT, J'AI UNE SOLUTION A TOUS LES PROBLÈMES !
Joël Roche ©

QUE PENSEZ-VOUS DE LA POLITIQUE ACTUELLE ?
LA GAUCHE POURRAIT TRÉS FACILEMENT FAIRE PIRE QUE LA DROITE
Joël Roche ©

LES FRANÇAIS NOUS ÉLISENT ET APRÈS ILS NOUS MÉPRISENT MAIS POURQUOI ?
PARCE QUE VOUS NE FAITES JAMAIS CE QU'ILS ATTENDENT DE VOUS !
CLUB DES ZÉLUS
Joël Roche ©

C'EST VOUS QUI CREUSEZ LE FOSSÉ ENTRE LES HOMMES POLITIQUES ET LE PEUPLE !?
ASSEMBLÉE NATIONALE
!

PC
PS
EXTRÊME GAUCHE
LCR
VOILÀ QUE LES MAUVAIS ÉLÈVES VEULENT DONNER DES LEÇONS MAINTENANT...

SI VOUS ME RÉÉLISEZ JE VOUS PROMETS DE TENIR TOUTES LES PROMESSES QUE JE N'AI PAS TENUES
OH OUI VOTEZ

ENLEVEZ LA POUSSIÈRE ELLES PEUVENT ENCORE SERVIR !
PROMESSES ÉLECTORALES
Joël Roche ©

VOYONS, LES ÉLECTIONS APPROCHENT...
COMBIEN DE MAINS A SERRER...
COMBIEN DE PROMESSES A FAIRE...
COMBIEN DE FABLES A RACONTER...
Joël Roche©

C'EST BIEN CE QUE DIT CET HOMME POLITIQUE
ATTEND DEMAIN IL DIRA PEUT-ÊTRE LE CONTRAIRE
Joël Roche©

QU'EST CE QUI EST ENCORE GRATUIT DANS CE PAYS ?
LES DISCOURS POLITIQUES !
BIÈRE DE MARS
Joël Roche©

LANGUES DE BOIS, QUI N'A PAS SA LANGUE DE BOIS
LANGUES D'OCCASIONS
CHÊNE
CONTREPLAQUÉ
ROYALE
IMITATION
LANGUES DE GAUCHE
LANGUES CONTAMINÉES
LANGUES DE VIPÈRE
Joël Roche©

DANS LE DERNIER SONDAGE IL Y A PLUS DE FRANÇAIS QUI CROIENT AU PÈRE NOËL QU'AUX PROMESSES DES HOMMES POLITIQUES !!
SONDAGE
SONDAGE

POUR SAUVER LE PAYS C'EST MOI LE MEILLEUR ! LES IMPOTS VONT BAISSER LE CHOMAGE SERA RÉSORBÉ LA SÉCURITÉ RÉTABLIE LES TAXES ALLÉGÉES LES RETRAITES AUGMENTÉES
A CHAQUE ÉLECTION C'EST LA MÊME CHANSON !
POUR LES FRAIS DE CAMPAGNE

IL SERAIT TEMPS QUE LA CAMPAGNE ÉLECTORALE SE TERMINE, IL SE MET A SERRER LES PATTES DES VACHES ET A CARRESSER LES ÉLECTEURS !

IL Y A DE PLUS EN PLUS D'ABSTENTIONS. IL FAUT REDONNER CONFIANCE AUX ÉLECTEURS
PLUS JE L'ENTEND PARLER MOINS J'AI CONFIANCE!
Joël Roche ©

A PARTIR DE MAINTENANT JE NE VOTE QUE POUR LES CANDIDATS QUI PROTÈGENT LA TERRE ET BAISSENT LES TAXES!
BEN DIS DONC, TU VAS PAS VOTER SOUVENT!
Joël Roche ©

DÉSOLÉ MAIS IL FAUT ATTENDRE 19H POUR OUVRIR L'URNE !
!
TOI ET TON HABITUDE DE METTRE LA MAIN OÙ IL NE FAUT PAS !
SORTIE
Joël Roche ©

VOUS VOULIEZ UN MERVEILLEUX PRÉSIDENT ?! VOUS L'AVEZ !
YVES BUR
UMP
YES
BRAVO
DÉFENSE DE FUMER
Joël Roche ©

ET VOILÀ ON A FAIT NOTRE DEVOIR D'ÉLECTEURS !
OUAI, ET ILS N'ONT PLUS BESOIN DE NOUS JUSQU'AUX PROCHAINES ÉLECTIONS !
Joël Roche ©

MAIS POURQUOI LES DÉPUTÉS INSISTENT TELLEMENT POUR VOTER LE PACS ?
ILS VEULENT CERTAINEMENT PACSER AUSSI !
Joël Roche©

LE GOUVERNEMENT A DÉCIDÉ DE GELER LES PRIX
AVEC CE TEMPS IL N'AURA AUCUN MAL !

INCROYABLE, IL Y EN A QUI TREMPENT DANS DES TAS DE COMBINES ET QUI OSENT SE REPRÉSENTER DEVANT LES ÉLECTEURS !
QUE VOULEZ-VOUS, ESCROCS, DÉTRAQUÉS OU PERVERS PASSENT A LA TÉLÉ COMME DES VEDETTES
BUS

J'AI UNE DE CES GUEULE DE BOIS !!
MON PAUVRE VIEUX, TOI QUI AVAIS DÉJÀ LA LANGUE DE BOIS !
Joël Roche ©

VOUS NE ME SERREZ PAS LA MAIN AUJOURD'HUI ?
POURQUOI FAIRE ? LES ELECTIONS SONT PASSÉES !

MAINTENANT IL VA FALLOIR LES TENIR !
LES PROMESSES ? ATTENDEZ, MOI JE N'EN AI JAMAIS FAIT

L'ORDINATEUR QUI ANALYSE LES RÉPONSES DES TÉLÉSPECTATEURS DOIT ÊTRE DÉTRAQUÉ !!?
A LA QUESTION : "QUI EST LE MEILLEUR HUMORISTE ?" IL RÉPOND ALAIN JUPPÉ !!
Joël Roche ©

DEPUIS TOUJOURS LES POÈTES NOUS FONT RÊVER D'UN MONDE MERVEILLEUX
MALHEUREUSEMENT CE SONT LES HOMMES POLITIQUES QUI ONT LE POUVOIR
EURO
FIOUL
GAZ
TVA
CSG - CRDS
POÈMES
TAXES
IMPOTS
PRÉLÈVEMENTS
PV
Joël Roche ©

CHAQUE MOT QUE PRONONCE MON FILS EST UN MENSONGE ET IL NE ROUGIT MÊME PAS !
TE FAIS PAS DE SOUCIS ÇA DONNERA UN EXCELLENT HOMME POLITIQUE
Joël Roche ©

AVEZ VOUS UN EXEMPLE POUR ILLUSTRER L'ESPRIT TORDU DES TECHNOCRATES ?
OUI ! LA VALEUR DE L'EURO !
Joël Roche ©

MES AVENTURES ROUTIÈRES

ASSURANCES GRORISK
C'EST PEUT ÊTRE UN RENSEIGNEMENT IMPORTANT, JE SUIS ENTRÉ EN COLLISION AVEC L'AUTRE VÉHICULE LE MÊME JOUR.
Joël Roche©

ÉLARGIR VOTRE PORTE DE GARAGE !!? VOUS AVEZ ACHETÉ UN CAMION ?
NON. MA FEMME VIENT D'AVOIR SON PERMIS !
Joël Roche©

LES EXCÈS DE VITESSE TUENT CONTRE LES ARBRES!
IL FAUT SUPPRIMER LES ARBRES!
LES ALCOOLIQUES TUENT SUR LES ROUTES!
IL FAUT SUPPRIMER LES ROUTES!
Noël Roche©

IL Y A DES BOUCHONS PARTOUT
NOUS ON EN A DÉJA FAIT SAUTER UN !

LE NOMBRE DES TUÉS SUR LA ROUTE A DIMINUÉ.
C'EST TERRIBLE, QU'EST CE QU'ON VA FAIRE DE TOUS CEUX QUI NE SONT PAS MORTS !?
LE CHOU

90% DES ACCIDENTS ONT LIEU A MOINS DE 500 MÈTRES DU DOMICILE. ALORS MOI, JE DÉMÉNAGE !

VOTRE VOITURE EST EN SURCHARGE !
JE VIENS DE FAIRE LE PLEIN. C'EST LE POIDS DES TAXES
Joël Roche ©

DÉSOLÉ JE N'AI PAS VU QUE LE FEU ÉTAIT ROUGE... JE SUIS DALTONIEN !
ET ALORS ! IL N'Y A PAS DE FEU ROUGE EN DALTONIE ?
Joël Roche ©

DIS DONC, T'AS MAUVAISE MINE !
DEUX POTS DE PEINTURE, CINQ COUPS DE MARTEAU, UNE DÉCHARGE DE PLOMBS... J'AI PASSÉ UNE MAUVAISE NUIT !

C'ÉTAIT LA FAUTE AUX ARBRES... MAINTENANT C'EST LA FAUTE AU RADAR !

ALLEZ, UN DERNIER VERRE
SI TU PRENDS ÇA ROUTE DANS CET ÉTAT, ÇA RISQUE EFFECTIVEMENT D'ÊTRE LE DERNIER

LA VITESSE C'EST COMME LA ROULETTE RUSSE, ELLE VOUS TUE UN JOUR OU L'AUTRE!

J'COMPRENDS PAS.
IL A DIT "ET UN PETIT DERNIER POUR LA ROUTE"...
ET IL A PAS VU LA ROUTE !
BAR DU VIRAGE

ENCORE UN QUI ROULE A TOMBEAU OUVERT !

MADAME VOUS ROULIEZ A 140 Km A L'HEURE !
IMPOSSIBLE JE NE SUIS PARTIE QUE DEPUIS UNE DEMI HEURE

A CETTE VITESSE ON SE SENT HEUREUX DE VIVRE
MOI JE SUIS PLUTÔT ÉTONNÉ DE VIVRE ENCORE...

TU AS NOYÉ LE CARBURATEUR, CE N'EST PAS GRAVE CHÉRIE, OÙ EST LA VOITURE?
AU FOND DU CANAL!
Joël Roche ©

VOTRE CONDUITE EST TELLEMENT DANGEREUSE, QU'A LA PLACE DU PERMIS ON DEVRAIT VOUS ATTRIBUER UN PORT D'ARME!
AUTO ÉCOLE
Joël Roche ©

ÇA VA ENCORE ÊTRE DE MA FAUTE !
Joël Roche ©

A COMBIEN ROULIEZ-VOUS ?
A QUATRE MAIS ON PEUT SE SERRER SI VOUS VOULEZ MONTER !
Joël Roche ©

QUAND ON DOUBLE UN POIDS-LOURD ON DEVRAIT RECEVOIR UNE MÉDAILLE POUR ACTE DE BRAVOURE !
Joël Roche ©

INCROYABLE CHEF, UN TRAINEAU TIRÉ PAR DES RENNES QUI ALLAIT A UNE VITESSE SIDÉRALE ..., LE RADAR A EXPLOSÉ !
NON CHEF ON A RIEN BU.
!
PSSSSCHHH
Joël Roche ©

JUSTICE

FRICTION

JEAN-PHILIPPE JE CRAINS QUE CE PROCÈS SOIT LONG.
J'AI PRIS MES PRÉCAUTIONS !
SALLE DES PARADOXES
IN VINO VERITAS
Loïc Roche ©

QUAND EST-CE QU'ON ME REND MON ARGENT !?
ICI ON REND LA JUSTICE, PAS L'ARGENT !
TRIBUNAL
Loïc Roche ©

QU'EST CE QU'ON ATTEND POUR ENFERMER CE VOYOU !!!
MAIS MONSIEUR LE JUGE, C'EST VOUS QUI L'AVEZ FAIT RELACHER
Joël Roche ©

MON CLIENT PLAIDE LA FOLIE ET S'EN REMET A LA SAGESSE DU TRIBUNAL !
IL FAUT VRAIMENT ÊTRE FOU POUR FAIRE CONFIANCE A LA JUSTICE !
Joël Roche ©

J'EN AI PRIS POUR 20 ANS. MAIS T'INQUIÈTE PAS, AVEC LES REMISES DE PEINE, LES CONGÉS, LES RTT, LES GRÂCES, DE MENUS SERVICES ET UNE BONNE CONDUITE, JE SUIS A LA MAISON DANS 15 JOURS !
Joël Roche ©

LA POLICE DEVRAIT RAPIDEMENT LOCALISER L'ASSASSIN GRÂCE A UN SIGNALEMENT AUSSI VAGUE QU'IMPRÉCIS.
33
Joël Roche ©

BIEN.... JE VOIS QUE VOUS ÊTES TOMBÉ D'ACCORD !
SORTIE
JUGE DES CONCILIATIONS
Joël Roche ©

MONSIEUR LE JUGE, SOYEZ HUMAIN, VOUS NE VOUDRIEZ PAS QUE CES SYMPATIQUES CASSEURS QUI ANIMENT NOS QUARTIERS, SOIENT TRISTES EN PRISON !
NTZ

MAIS !!!?.....
CES VOYOUS RÉCIDIVISTES ONT AGRESSÉ ET VOLÉ QUATRE PERSONNES PUIS INCENDIÉ UNE VOITURE....
ET VOUS LES RELACHEZ !!
VOUS N'ALLEZ PAS FAIRE DES HISTOIRES POUR QUELQUES INCIVILITÉS !
CETTE FOIS JE DÉMISSIONNE

PAUVRE HOMME QUI VA EN PRISON !
PAUVRE VICTIME QUE PERSONNE NE PLAINT !

LA PRISON C'EST L'ENFER !
OUI, MAIS IL Y A DES RAISONS POUR ALLER EN ENFER !

!
TU TE SOUVIENS DE L'AVOCAT AVEC QUI TU AS DISCUTÉ TOUTE LA SOIRÉE AU DÎNER DES DUPONT, ET BIEN IL T'ENVOIE SA NOTE D'HONORAIRES!

VOUS AVEZ COMMIS CE MEURTRE AVEC PRÉMÉDITATION!
NON NON, JE VOUS ASSURE J'ÉTAIS TOUT SEUL

SAINT-NICOLAS
FAITES QUE LES JUGES
SOIENT PLUS SÉVÈRES AVEC
LES VOYOUS !
MINISTÈRE
DE
L'INTÉRIEUR
BUREAU DE
MONSIEUR LE
MINISTRE
SARKOZY

UN PAUVRE MULTIRÉCIDIVISTE BOUSCULÉ PAR LA POLICE.
LES MÉDIAS SE FICHENT DE LA GRAVITÉ DE LA SITUATION. ILS SONT A LA CHASSE A LA BAVURE !
Noël Roche©

ÇA VA PAS MON POUSSIN ?
NON J'AI LA GRIPPE DU POULET !
Noël Roche©

SI, SI, ALLEZ UN PEU SUR LE TERRAIN FACE AUX LOUBARDS QUI N'HÉSITENT PAS A TIRER !
QUARTIER DANGEREUX

JE NE PENSAIS PAS QUE LA DÉLINQUANCE C'ÉTAIT À CE POINT !
FAUDRAIT VOUS INTERESSER AUX CITOYENS PAS SEULEMENT AU MOMENT DES ÉLECTIONS
VOTEZ POUR MOI

LES CHARGES

QUEL POIDS !

ILS NOUS POMPENT VRAIMENT !!
SUPER TAXE
METTEZ DES TAXES DANS VOTRE MOTEUR

MOINS J'EN METS PLUS C'EST CHER !
ESSENCE GLOUPS
XHZ 67

ALLO CHER AMI, OK POUR LE GOLF
JE CROIS QUE LES FRANÇAIS ONT VRAIMENT BESOIN D'AIDE MONSIEUR LE MINISTRE !
CUVE A FIOUL
TAXES
Joël Roche ©

ON AVAIT OUBLIÉ LE GAZ !
FIOUL
TAXES
GAZ
CONTRIBUABLE
Joël Roche ©

VOUS N'ALLEZ PAS POLLUER UN CARBURANT ÉCOLOGIQUE AVEC VOS TAXES !!
TAXATION DE L'HVP
HUILE VÉGÉTALE PURE

RIEN A CHANGÉ ! AVANT LA RÉVOLUTION C'ÉTAIT LE SEL QUI ÉTAIT TAXÉ MAINTENANT C'EST LE PÉTROLE
ET TOUT LE RESTE...
PEUT-ÊTRE QU'UNE NOUVELLE RÉVOLUTION ?

FERMEZ LA VANNE DES TAXES ET LAISSEZ COULER LE FIOUL !
ÉTAT
TAXES
TAXES
TAXES
TAXES
TAXES
TAXES
Joël Roche ©

VOILÀ JE VOUS AI LIVRÉ 20% DE FIOUL ET 80% DE TAXES
MAIS JE NE PEUX PAS ME CHAUFFER AVEC DES TAXES ?!
TAXES
FIOUL

QU'EST CE QUE LES FRANÇAIS REPROCHENT A NOS RAFFINERIES ?
DE PRODUIRE PLUS DE TAXES QUE D'ESSENCE
TAXES

ENCORE UN PAUVRE HOMME QUI A ESSAYÉ DE JOINDRE UNE ADMINISTRATION !

MOI JE SUIS EN VACANCES ET VOUS ?
EN RTT
MOI J'AI FINI MES 35 HEURES
ET MOI JE SUIS EN CONGÉS DE MALADIE
ET MOI EN PRÉRETRAITE
MOI JE SUIS ICI PAR INTERMITTENCE

ENTRE MES ARRÊTS MALADIE, LE RTT, LES 35 HEURES ET LE FAIT DE TRAVAILLER JUSTE ASSEZ POUR NE PAS ME FAIRE METTRE A LA PORTE.... JE SUIS ÉPUISÉE !
POSE CAFÉ
Joël Roche ©

HÈ ! REVEILLE TOI IL EST 18 HEURES !
SAPRISTI ! J'AI TRAVAILLÉ 1 HEURE DE TROP !
Joël Roche ©

GRANDE VENTE DE CEINTURES
VOUS N'AVEZ QUE DES PETITES TAILLES ?
C'EST LARGEMENT SUFFISANT PUISQUE TOUT LE MONDE SE SERRE LA CEINTURE
Joël Roche

TU Y CROIS TOI A L'EUROPE ?
J'Y CROIRAI QUAND JE VERRAI UN CHANGEMENT DANS MON PORTE-MONNAIE.
Joël Roche©

OUI MONSIEUR, LA FRANCE EST GOUVERNÉE PAR DES TECHNOCRATES.
ET L'EUROPE PAR DES EUROCRATES !
ET BIENTÔT PAR DES TURCOCRATES.

LE PÉTROLE FLAMBE ! LES TIMBRES AUGMENTENT LE GAZ ET L'ÉLECTRICITÉ AUSSI !!! ET LES IMPOTS LOCAUX !
ON EN PEUT PLUS !
MINISTÈRE
J'AI PLUS IMPORTANT A M'OCCUPER : L'ENTRÉE DE LA TURQUIE EN EUROPE

JE VOUS RECOMMANDE NOTRE PLAT DU JOUR ASSAISONNÉ DE 19,6 DE TVA !
MENU
Noël Roche ©

LA POSTE
LA POSTE PARTICIPE ACTIVEMENT À LA DÉSERTIFICATION DES CAMPAGNES
FERMÉ
LES TIMBRES AUGMENTENT ET LES BUREAUX DE POSTE DIMINUENT !
LETTRE
Noël Roche ©

LES FRANÇAIS PLIAIENT DÉJÀ SOUS LE POIDS DES CHARGES
MAINTENANT EN PLUS ON PLOIE SOUS LE POIDS DE LA REPENTANCE
TAXES TVA SURTAXES CSG. CRDS IMPOTS. GAZ CHARGES. ES FIOUL
REPENTANCE REPENTANCE REPENTANCE REPENTANCE ABAISSEMENT EXCUSES EXCUSES

GAZ
ENCORE PLUS ! ENCORE PLUS !
BÉNÉFICE
PROFIT
BENEF
PROFIT
+8%
+16%

ENCORE UN ARTISAN D'ASSASSINÉ !
NOUS AVONS QUATRE SUSPECTS : LA TVA, LES CHARGES, LES IMPOTS, LES TAXES !
L'ÉTAT M'A TUÉ

ET LE FIOUL, ET LE GAZ, ET L'EAU ET LES TAXES, ALOUETTE ...
DUR DUR D'ÊTRE CONTRIBUABLE
EAU
GAZ
TVA
TAXES
CSG
CRDS
IMPOTS
Fisc
FIOUL
SURTAXES

BONJOUR,
J'AI RENDEZ-VOUS AVEC
VOTRE PORTE-MONNAIE.
FISC

MAIS J'AI DÉJÀ
PAYÉ MON IMPOT
SUR LE REVENU.
ÇA
C'EST L'IMPOT
SUR LE
REVENANT!

J'AI TROUVÉ UNE FEUILLE DE PLATANE
MOI UNE FEUILLE DE CERISIER
ET MOI UNE FEUILLE DE NOISETIER
ET MOI UNE FEUILLE D'IMPOT!
IMPOT
URGENT

C'EST QUELQU'UN DE VOTRE FAMILLE?
PRESQUE, C'EST MON FISC!

LE METRO POUR ALLER A LA PERCEPTION ? VOUS PRENEZ DIRECTION PORTE FEUILLE ET VOUS DESCENDEZ PORTE MONNAIE.

ÉCRASÉ PAR UN CAMION. ET CELUI-LÀ ?
ÉCRASÉ PAR LES TAXES.

CHÉRI C'EST GENIAL, ON PARLE DE NOUS DANS LE JOURNAL !
POUR UN REDRESSEMENT ON S'EN SERAIT PASSÉ !
REDRESSEMENTS ET LIQUIDATIONS JUDICIAIRES
Joël Roche ©

NON JE NE VOIS RIEN D'ANORMAL. COMME LEUR NOM L'INDIQUE, LES CHARGES C'EST TOUJOURS PLUS LOURD !
REVENUS
FISC
CHARGES
Joël Roche ©

MES PRÉLÈVEMENTS SOCIAUX ONT ENCORE AUGMENTÉ !
QUE VOULEZ-VOUS... LES ASSISTÉS EXIGENT PLUS. IL FAUT DONC PRENDRE PLUS A CEUX QUI TRAVAILLENT !
SORTIE PAR LÀ
SOYEZ BREF

EN FISCALITÉ, CHAMPIONNE DU MONDE : LA FRANCE !
ALORS... TU VOIS BIEN QU'ON A UNE MÉDAILLE !
1
2
3

TU AS REMARQUÉ, LES FACTURES ARRIVENT TOUJOURS LE SAMEDI HISTOIRE DE TE GACHER LE WEEK-END
AH ÇA POUR DISTRIBUER LES FACTURES, LA POSTE N'A JAMAIS DE RETARD !
Joël Roche©

VOUS ÊTES AU CHÔMAGE ?
NON JE SUIS AUX ASSEDIC
ANPE
Joël Roche©

ARGL !
NE VOUS PLAIGNEZ PAS JE POURRAIS SERRER PLUS MAIS JE LIMITE LA PRESSION FISCALE
Joël Roche ©

ALLONS ALLONS ! TOUT N'EST PAS NÉGATIF SUR CE TABLEAU !
PRÉLÈVEMENTS
IMPOTS
TAXES
SECURITÉ
RETRAITE
EMPLOI
Joël Roche ©

DOSSIER REFUSÉ IL MANQUE LA PIÈCE 44732 !
QUELLE GALÈRE, ÇA FAIT 10 FOIS QUE JE REVIENS !

LE CHÔMAGE BAISSE.
BEN VOYONS ! PUISQUE LES LICENCIEMENTS AUGMENTENT

TAXES
CSG
TVA
CVA
ALLONS, ALLONS VOUS SUPPORTEREZ BIEN ENCORE CELA ?!
Joël Roche©

PROFESSION?
ARTISAN A MI-TEMPS. 6 MOIS DE L'ANNÉE JE TRAVAILLE POUR PAYER LES TAXES, LES CHARGES ET LES IMPOTS
MOI AUSSI, JE SUIS AGRICULTEUR A MI-TEMPS
SOYEZ BREF
Joël Roche©

NOUS ON VOTE LES ÉLUS ET LES ÉLUS VOTENT LES TAXES
NOUS ON PAYE LES TAXES ET ON REVOTE LES ÉLUS QUI VOTENT DE NOUVELLES TAXES ! ON PAYE LES NOUVELLES TAXES PUIS ON .....

MAIS QU'EST CE QU'ILS DISENT ?!! JE N'ENTENDS PAS BIEN !
MOI NON PLUS
BAISSE DES IMPOTS !
BAISSE DES TAXES
BAISSE DU PÉTROLE
BAISSE DES CHARGES !

TABLE

Titre original : « SATIRE DE PARTOUT 2 »

ÉDITÉ PAR

jar conseils

Achevé d'imprimer en septembre 2006
sur les presses de l'Imprimerie PIERRON
2a, rue Gutenberg - 57202 Sarreguemines - France

11/2006 - Dépôt légal : 11/2006 - N° 2282
I.S.B.N 2-9519156-1-6